CATALOGUE

D'UNE

COLLECTION DE TABLEAUX

ANCIENS ET MODERNES,

DES ÉCOLES ITALIENNE, ESPAGNOLE, FLAMANDE ET FRANÇAISE,

PROVENANT DU CABINET DE FEU

DE M. LE BARON DE TRESIGH,

DE LA HAYE.

STRASBOURG,

IMPRIMERIE DE G. SILBERMANN, PLACE SAINT-THOMAS, 3.

1839.

CATALOGUE

D'UNE

COLLECTION DE TABLEAUX

ANCIENS ET MODERNES,

DES ÉCOLES ITALIENNE, ESPAGNOLE, FLAMANDE ET FRANÇAISE,

PROVENANT DU CABINET DE FEU

M LE BARON DE TRESIGH

DE LA HAYE.

La vente aura lieu le lundi 29 avril 1839 et jours suivants, matin et soir, dans une salle au premier du café Faudel, quai de l'Esprit, par le ministère de M. Fischer, commissaire-priseur, assisté de M. François, expert de Paris.

STRASBOURG,

IMPRIMERIE DE G. SILBERMANN, PLACE SAINT-THOMAS, 3.

1839.

L'exposition publique aura lieu le samedi 27 avril 1839, de midi à cinq heures, et dimanche 28, de neuf heures du matin à cinq heures du soir.

CATALOGUE.

1 TENIERS (DAVID). Ce tableau est une imitation de Franck et de Paul Bril; c'est souvent ce que se plaisait à faire ce peintre habile, qui a cherché à imiter tous les maîtres. On reconnaîtra facilement dans l'homme qui conduit les mulets le cachet de cet artiste, ainsi que dans plusieurs parties de cette grande composition, qui est un sujet tiré de l'Histoire sainte.

2 CUYP (P.). Sur la gauche d'un canal on voit quelques barques, ornées de leurs pavillons, abordant le rivage, où une quantité de personnages attendent le débarquement; dans le fond on aperçoit une ville. Ce tableau est d'un beau faire, d'une belle couleur.

3 BERRÉ. Intérieur d'une étable où plusieurs vaches et veaux se reposent. Une femme apparaît en dehors et cherche à ouvrir la porte.

4 RUYDAEL (S.). Mer houleuse surchargée de plusieurs barques.

5 Bénard. Intérieur d'estaminet hollandais. Une jeune femme, en compagnie de quatre paysans, occupés à boire et à fumer, semble écouter avec attention les fleurettes qu'un d'entre eux lui conte. Plusieurs accessoires ornent l'intérieur du tableau.

6 Velasquez. Tête d'une martyre les mains jointes. Le calme qui existe dans cette figure attendant son supplice rappelle bien les peintres espagnols qui étaient inspirés de leur religion. La touche moelleuse et le coloris vrai feront remarquer ce tableau.

7 Verkolié. Vertume et Pomone. Tableau très-fin et très-agréable.

8 Zéman. Vue d'une ville prise en pleine mer. Plusieurs bâtiments ornent le devant du tableau.

9 Saso-Ferrato. Tête de Vierge les mains jointes.

10 Crepin. Paysage traversé d'une rivière. Sur la gauche, plusieurs tertres recouverts d'arbres; au pied, un homme et une femme causent ensemble.

11 Lahire (Laurent de), (signé). Fête à Bacchus.

12 Lentz. Deux moutons et une chèvre reposent à l'ombre des arbres.

13 Teniers (David). Quatre personnages, dont deux assis à une table, prêtent attention à l'un d'entre eux, qui joue au galet; un autre tient un pot à la main, et un troisième, debout derrière eux, coiffé d'un chapeau orné d'une plume, tient sa pipe et attend pour fumer que le coup soit décidé. Plusieurs autres, dans le fond, se chauffent, et une vieille femme apporte une pipe et du tabac. Ce tableau, d'un ton clair, est de la plus grande finesse et d'une composition des plus agréables.

14 Brackemburg. Réunion d'une grande quantité de personnages, occupés les uns à jouer à la savatte; les

autres boivent et fument. Tout dans ce tableau respire la gaîté et rappelle les scènes flamandes.

15 NETSCHER (C.) Jeune fille agenouillée, les mains jointes.

16 GERICAULT. Étude. Intérieur d'un maréchal-ferrant.

17 ANTOLINEZ. Tête d'apôtre couronnée d'une auréole.

18 BACKUISEN. Vue d'une mer houleuse. Sur la gauche on voit un grain prêt à fondre sur plusieurs bâtiments; dans le fond on aperçoit une ville. Ce tableau, d'une petite dimension, réunit tout ce que l'on demande dans une marine transparente : des eaux, finesse et clarté.

19 VANDER-NEER. Effet de lune se réflétant dans les eaux.

20 BEGUIN. Un berger couché à l'ombre d'un arbre et gardant son troupeau.

21 KAREL-DUJARDIN (attribué à). Étude d'après nature.

22 ÉCOLE DE GÊNES. Un jeune garçon mangeant de la soupe au fromage. Sur la table où est posée l'écuelle dans laquelle il mange, on voit un fromage, un œuf cassé, un pain, un couteau et des harengs saurs; un autre garçon, placé derrière lui, le regardant avec avidité, tient une cruche à la main. Tableau rempli d'expression.

23 VENINX. Lièvres et perdreaux.

24 THÉODORE DE NAPLES. Départ pour la chasse. Une jeune dame à cheval boit le coup de l'étrier, qu'un domestique vient de lui verser. Un seigneur tient le cheval par la bride. Derrière elle un écuyer semble attendre qu'une autre dame ait mis ses éperons. Plusieurs autres personnages ornent ce tableau, qui est d'une grande finesse et de la plus belle couleur.

25 ZURBARAN. Jésus à la colonne, entouré d'anges, dont l'un tient un encensoir, un autre un ostensoir. Cette composition est très-belle pour une chapelle.

26 Molenaert (Claas). Vue des abords d'un village. Ce tableau est de la belle qualité de ce maître.

27 Lantara. Effet de soleil couchant, vapeur, transparence et finesse, tout est réuni dans cette œuvre de ce maître habile.

28 Asselin. Effet de lune. Les tableaux de ce maître sont très-rares en ce genre.

29 Hue. Vue d'une mer houleuse aux abords d'une ville. Sur le devant on aperçoit le haut des mâts d'un vaisseau naufragé.

30 Fyt (J.). Nature morte.

31 Klomp. Un troupeau se reposant près d'une ferme; une jeune femme est occupée à traire une chèvre; un enfant près d'elle mange et un autre joue avec un agneau.

31 *bis.* Murillo (école de). Saint Joseph, agenouillé aux pieds de Jésus, lui présente du pain et des fruits; dans le fond, la Vierge est en prières.

32 Kessel (Van). Intérieur de corps-de-garde. Dans le fond les soldats jouent aux cartes; sur le devant, cuirasses, casques, selles, sabres, fusils et drapeaux sont épars çà et là. Ce tableau est signé Teniers.

33 Momers. Un berger et une bergère conduisent leur troupeau se désaltérer à une fontaine. Ce tableau est traité dans la manière de Berghem.

34 Paul Potter. Tableau esquisse des commencements de ce maître. Deux vaches au repos dans une prairie; près d'elles un jeune pâtre tient un seau au bras.

35 Molenaert (J.). Jeu de la savatte.

36 Blomaert. Jésus chez Marthe et Marie. Ce tableau, orné d'une grande quantité de petits détails, est d'une couleur admirable et mérite l'attention des amateurs. Il est daté de 1638.

37 Griff. Deux jolis petits tableaux représentant des chiens gardant quelques pièces de gibier.

38 Wouvermans (Pierre). Le départ pour la chasse.

39 *Du même*. La chasse au faucon.

Ces deux tableaux, de même grandeur, sont très-fins et très-agréables.

40 Brauwer (A.). L'extirpeur de cors. Ce tableau a été altéré par le soleil; mais il est susceptible d'être très-bien arrangé.

41 Buzirri. Deux paysages faisant pendants.

42 Vermeulen. Canal glacé; un grand nombre de personnages s'exercent à patiner.

43 Franck (F.). Quatre tableaux représentant Jésus sortant de chez Pilate; le portement de croix; la descente, et la flagellation.

44 Lentz. Deux moutons, deux agneaux et une vache au repos dans une prairie. Ce tableau est beau comme un Omegangk.

45 Rembrandt. Tête d'un officier coiffé d'une toge surmontée d'un plumet.

46 Janvier (signé). Portrait d'un officier supérieur de l'armée autrichienne, monté sur un cheval bai, effrayé par le mouvement que fait un factionnaire en lui présentant les armes.

47 Mola (François). La Nativité. Tableau d'une belle couleur et pouvant figurer parmi les beaux tableaux italiens.

48 École espagnole. La Vierge et saint Joseph agenouillés devant l'enfant Jésus.

49 Momenaert (J.). Le Repas. Deux ménétriers, l'un jouant de la flûte et l'autre du violon, égayent les convives; un des leurs fait la cour à une jeune femme éloignée de la table.

50 Jouvenet. Tête de vieillard à barbe.

51 Vander-Neer. Effet de neige. On voit sur la droite une habitation d'où sortent plusieurs personnages. Les hivers de ce maître sont très-rares.

52 Sasso-Ferrato. Tête de Vierge les mains jointes. Une double répétition existe dans cette collection. On sait que ce maître s'est très-souvent répété.

53 Rotenhamer. Les forges de Vulcain. Vénus, accompagnée de ses suivantes, semble diriger les forgerons. Des armes sont jetées çà et là sur le devant. Il serait difficile de trouver une œuvre de ce maître aussi belle que celle-ci.

54 Mola (François). L'Annonciation.

55 *Du même*. La Nativité.

Ces deux tableaux sont de la plus riche composition.

56 Klomp. Paysage, vaches et moutons se reposant dans une prairie; sur la droite on voit le haut d'un château fort. Tableau clair et d'un très-bel effet.

57 Vateau (de Lille). Vue d'un camp. Ce tableau représente les occupations et les amusements des soldats au moment d'être attaqués; mais ils ne s'en inquiètent guère : les uns jouent aux cartes, d'autres font bouillir la marmite. Une sentinelle veille en cas de surprise.

58 Boucher (F.). Offrande à l'Amour. Tableau d'un faire large et très-agréable de composition.

59 Janvier. Portrait d'un colonel de hussards chargeant à la tête de son régiment. Le cheval blanc sur lequel il est monté se cabre en apercevant un obus prêt à éclater; dans le fond on aperçoit un choc de cavalerie.

60 Berestraden. Vue d'un port. Aux approches d'un pa-

lais la mer est garnie de bâtiments. La rade est couverte
d'un grand nombre de personnages.

61 Boucher (F.). Mars et Vénus. Un tableau, catalogué
antérieurement, fait pendant.

62 Rembrandt (signé). Tête de vieillard, une main appuyée
sur la poitrine. On ne saurait pousser la peinture à un
plus haut degré de vérité : les rides, tout y est peint
avec le plus grand soin.

63 Deroy (de Bruxelles). Ce tableau, un des plus beaux
qu'ait peints ce maître, ne laisse rien à désirer ; à voir
ces vaches traversant le pont, on dirait qu'elles mar-
chent. Au pied, un chien se désaltère.

64 Palamides. Réunion de hauts personnages ; les uns ac-
compagnent un jeune homme pinçant de la guitare,
tandis qu'un autre semble écouter une jeune femme
touchant du piano. Belle composition de ce maître.

65 Cranack (Lucas), (signé). Adam et Ève au Paradis
terrestre. On voit les différentes épisodes de leur vie.
Tableau très-curieux.

66 Goltius. Le martyre de saint Sébastien.

67 Stoch. Marine surchargée de bâtiments. A gauche on
aperçoit un château-fort au-dessus d'un rocher.

68 *Du même.* Pendant du précédent.
Ces deux tableaux sont d'une belle qualité et de la plus
parfaite conservation.

69 Vangoyen. Paysage (marine). A gauche, sur le devant,
on voit un château-fort, dont l'eau baigne les fonda-
dations. Dans le fond il y a une ville.

70 Dietrich. Deux paysages ornés de figures et d'animaux.
Ces deux tableaux sont d'un ton digne de Cuyp.

71 École moderne. Scène de carnaval à Venise. Un jeune
chevalier donne la main à une dame, pour la faire

descendre dans une barque; aux environs plusieurs personnages déguisés.

72 HOREMANS. Le diseur de bonne aventure. Plusieurs paysans restent ébahis, écoutant les sornettes qu'il lui plaît de leur conter.

73 DU MÊME. Intérieur rustique.

74 BÉGA. La marchande de volaille.

75 JANVIER. Cosaque monté sur un cheval bai et lancé au galop.

76 OSTADE. Intérieur d'estaminet hollandais. Deux paysans sont à boire près d'une chaise sur laquelle est un pot; une femme présente une pipe à l'un d'eux; dans le fond, la maîtresse du logis, ayant près d'elle un enfant, est occupée à coudre. Tableau très-fin et d'un beau ton de couleur.

77 MAAS (signé). Paysage (marine). Marché sur le bord de la mer.

78 SOLIMÈNE. L'opération de la cataracte. Plusieurs anges assistent à l'opération.

79 BERTIN (signé). Paysage boisé. Chasse dans l'intérieur d'une forêt. Ce maître est très-rare dans les cabinets, ses tableaux étant presque tous pris pour la location.

80 VALENTIN. La conversion de Saint-Hubert.

81 NETSCHER. Portrait d'une dame appuyée sur un riche tapis.

82 *Du même.* Pendant du précédent.

82 VENINX. Vue d'un port de mer. Sur la gauche, on aperçoit de magnifiques palais, une fontaine riche de sculptures; différents personnages de distinction viennent se promener sur le port, afin de voir plusieurs bâtiments prêts à entrer en rade. Ce tableau est une des plus riches compositions de ce maître.

84 TENIERS (DAVID). Intérieur de son atelier, où il est représenté lui-même, assis à son chevalet. Deux amateurs examinent un petit tableau ; les murs sont garnis de productions de différents maîtres. L'amateur qui achètera ce tableau aura un musée entier chez lui.

85 TENIERS (père). Paysage. Un berger gardant un troupeau considérable. Il serait difficile de trouver un tableau plus capital de ce maître, qui ne laisse rien à désirer. On peut le comparer aux productions si estimées de son fils.

86 POTTER (PAUL) (attribué à). Une femme appuyée contre un arbre, regarde des chiens qui sont lancés après des animaux; près d'elle, un paysan en retient un en l'agaçant contre les autres ; dans le fond, un homme à cheval semble suivre leurs pas. Ce tableau est d'une belle couleur.

87 HUTTEMBURG. Repos de chasse. Ce tableau est un des plus beaux qui existent de ce maître, tant par la composition que par la finesse. Nous laissons aux amateurs le soin de l'apprécier.

88 CASQUELLE. Paysage (marine).

89 VALIN. Danaë.

90 MOLENAERT (J.). Concert rustique. Tableau très-fin de ce maître, et traité dans la manière d'Ostade.

91 POTTER (PAUL). Étude. Deux vaches dans une écurie.

92 LECAME. La marchande de poissons. Tableau traité dans le genre flamand.

93 KABEL (VAN DER). Vue d'un port de mer.

94 BOTH (signé). Paysage montueux avec cascade. Ce tableau est traité dans la manière de Cuyp.

95 BASSAN. Le Christ portant sa croix. Tableau d'une très-belle composition.

96 Both (André). Un cheval s'abreuvant à une fontaine.

97 Breydel. Choc de cavaliers.

98 Backuysen. Marine surchargée de bâtiments. Ce tableau est d'une grande finesse et de la plus parfaite conservation.

99 Lecame. La liseuse.

100 Valin. Danaë.

101 Dusaert (Corneille). Un homme appuyé sur une chaise, cause avec un autre, qui tient un verre à la main. Ce tableau est digne de J. Stein.

102 Maas. Portrait d'homme à perruque, richement vêtu.

103 Van-Bassen. Troupeau se reposant à l'ombre d'un rocher.

104 Béga (Corneille) Le maître d'école.

105 Roos (Henri). Une bergère conduisant un troupeau et cherchant un abri à l'approche d'un orage.

106 École hollandaise. Troupeau répandu dans l'intérieur d'une forêt. Ce tableau, d'un faire large, est d'un très-bel aspect.

107 Wouvermans (Philippe) (signé). Un cheval qui pisse, un homme et un chien à la porte d'une auberge.

108 Vande-Velde. Marine.

109 Rembrandt. Jésus au tombeau. Groupe de cinq figures en douleur.

110 Both. Paysage admirable de coloris et de chaleur.

111 Karel-Dujardin. Un homme conduisant trois vaches, des moutons et des chèvres. Paysage montueux. On aperçoit sur la hauteur plusieurs hommes à cheval.

112 Vermeulen. Patineurs sur un canal glacé. Ce tableau, l'un des principaux de ce maître, mérite de fixer l'attention des amateurs, tant par le mouvement vrai des figures, que par la vérité de la nature.

113 LEMOINE. La naissance du Dauphin. Ce tableau, d'une composition riche, faisait partie du cabinet du roi. Nous possédons la gravure.

114 VANGOYEN. Paysage (marine) d'une belle qualité.

115 GUIDE. Têtes de Vierge et de saint Jean.

116 DECKER (signé). Paysage boisé. Sur la droite est un hameau recouvert d'arbres.

117 SWEBACH. Marche d'une caravane. Très-joli tableau de ce maître.

118 BOURDON (SÉBASTIEN). Paysans jouant ensemble. Ce tableau est très-fin et d'une belle couleur.

119 CREUZE (d'après). La petite fille au petit chien.

120 LENTZ. Deux tableaux représentant des vaches paissant dans une prairie.

121 RUYSDAEL (SALOMON). Vue d'un village sur le bord d'un canal.

122 BREUGHELS. Promenade de hauts personnages dans l'intérieur d'une forêt.

123 HOBEMA. Paysage boisé. On voit plusieurs habitations et un moulin à vent. Nous laissons à MM. les amateurs le loisir de le détailler.

124 CREUZE. La lanterne magique.

125 *Du même.* Le retour.

126 *Du même.* La Madeleine pénitente. Tableau en pied, qui fait partie du cabinet de M. de Moulouis.

127 BRACKEMBURG. Intérieur très-beau de ce maître.

128 REMBRANDT. Tête.

Nota. Le temps ne nous ayant pas permis de donner plus de détails, nous laissons aux amateurs le plaisir d'examiner les tableaux eux-mêmes.